Claire Miquel

VOCABULAIRE
PROGRESSIF
DU FRANÇAIS

avec 250 exercices

CORRIGÉS

CLE
INTERNATIONAL

Édition : Christine Grall, Michèle Grandmangin
Couverture : Evelyne Audureau
© CLE International, 1999
ISBN : 978-2-09-033877-5
© CLE International/VUEF - 2001
© CLE International/SEJER - 2004

SOMMAIRE

Chapitre 1   Les mesures – Les quantités

Exercices p. 7

1 1. V – **2.** F – **3.** F – **4.** F – **5.** V.

2 1. total – égale – calcul mental – arrondis – **2.** moyenne – doublé –
3. montant – **4.** calcul – calculette – **5.** moitié.

3

```
                              c.
                              C
        a.                    H
        C       b.            I
    1.  A  D  D  I  T  I  O  N
        L       O            F
        C       U            F            e.
        U       B        2.  R  O  N  D
        L       L            E            I
    3.  T  E  T  E            S            V
        R       R        4.  P  A  I  R  S
                         d.                S
                5.  M  O  I  T  I  E
                    M                      R
                    P
                    A
                    I
                    R
                    S
```

Exercices p. 9

1 La commode fait 90 cm de long, 35 cm de large et 80 cm de haut. –
La planche fait 1,25 m sur 0,75 m. Elle fait 1,5 cm d'épaisseur. – La valise
a 72 cm de longueur, 30 cm de largeur et 18 cm de hauteur. Elle pèse
14 kilos. – La pièce fait 6 m sur 4. Elle a une superficie de 24 m^2.

2 1. Mon frère se coupe en quatre pour ses amis. – **2.** J'ai fait les cent pas
en attendant mon mari. – **3.** Quel appétit ! Tu manges comme quatre ! –
4. David coupe toujours les cheveux en quatre. – **5.** Jamais deux sans
trois ! – **6.** Il m'a tout raconté en deux mots.

3 1. soustraction – **2.** addition – **3.** mètres – **4.** dimension – **5.** peser –
6. profondeur.

Exercices p. 11

1 1. minci – **2.** raccourci – **3.** grossi – **4.** alourdissent – **5.** élargi – **6.** grossit –
7. s'élargir – **8.** agrandi.

2 1. d – **2.** f – **3.** e – **4.** b – **5.** c – **6.** a.

3   **1.** soustraire – **2.** mesurer – **3.** alourdir – **4.** arrondir – **5.** compter – **6.** (s')élargir – **7.** abaisser – **8.** peser – **9.** rétrécir – **10.** raccourcir.

4   **1.** fait / mesure – **2.** grossi / minci / maigri – **3.** rallongé / raccourci – **4.** des calculs / la moyenne / une erreur – **5.** fait / a – **6.** la superficie / la surface / les dimensions – **7.** Ça fait / Nous sommes / On arrondit à.

Chapitre 2   Les formes, les matériaux et les textures

Exercices p. 13

1

```
K W  C  T O E M  J F
M P  A N G  L E  I D
U S  R A Y O N  A C
G U R U L S D L  U
X H E  O V A L E  B
K C Y L I N D R E
O F I E J G Z B  I
S A  S P H E R E M
```

2   **1.** losange – **2.** cube – **3.** rayon – **4.** pointu – **5.** spirale – **6.** rectangulaire.

3   **1.** b – **2.** c – **3.** b – **4.** a – **5.** b – **6.** b.

Exercices p. 15

1   **1.** prend – **2.** se plie – **3.** tordu – **4.** se met – **5.** se casse.

2   **1.** c, d, e, f – **2.** d, e, f – **3.** d, f – **4.** b, e, g – **5.** b – **6.** a, c, d, e, f – **7.** d, e, f.f.

3   **1.** a, d – **2.** b, e, f – **3.** a, d – **4.** b, c, d – **5.** a, b, d – **6.** b, d.

Exercices p. 17

1   **1.** les pierres – **2.** de bois – **3.** d'acier – **4.** la pierre – **5.** d'or – **6.** de marbre – **7.** d'or.

2   **1.** un caractère en or – **2.** d'une pierre deux coups – **3.** gueule de bois – **4.** d'un sommeil de plomb – **5.** roulent sur l'or – **6.** nerfs d'acier – **7.** une affaire en or.

3 1. Nous ferons d'une pierre deux coups. – 2. Il l'a acheté à prix d'or. –
3. Il a une main de fer dans un gant de velours. – 4. Il a une santé de fer. –
5. Je touche du bois. – 6. Je ne quitterai jamais cette ville, pour tout l'or
du monde. – 7. Cet enfant est malheureux comme les pierres.

Chapitre 3   Les objets : lumière et couleurs

Exercices p. 19

1 1. Non, il est opaque. – 2. Je préfère le gris clair. – 3. Non, elle a des
couleurs vives, elle est chatoyante. – 4. Non, je l'ai repeinte en peinture
brillante. – 5. Non, l'eau est trouble. – 6. Non, elle est claire, lumineuse.

2 1. terne – 2. rayonnant – 3. obscure – 4. faible – 5. morne.

3 1. limpide, trouble, transparente – 2. vif, foncé, clair – 3. claire, sombre,
obscure – 4. vive, faible, pâle – 5. transparente, opaque.

4 1. Ils brillent. – 2. Notre reflet. – 3. Un feu de circulation, un clignotant
de voiture. – 4. Le soleil. – 5. Une personne très heureuse. – 6. Une couleur,
un vêtement, une personne ennuyeuse.

Exercices p. 21

1 1. comme neige – 2. bleue – 3. noir – 4. noir sur blanc – 5. en noir –
6. blanche – 7. bleue.

2 1. nuit – 2. regardé – 3. voté – 4. d'une voix – 5. nuit – 6. peur – 7. carte –
8. chocolat.

3 1. noires, sombre – 2. noire, claire ou foncée – 3. blanches, rayonnante –
4. noir, morne – 5. lumineux, bleue – 6. foncé, bleue.

Exercices p. 23

1 1. vert de jalousie, rouge de honte – 2. des vertes et des pas mûres,
de toutes les couleurs – 3. la main verte, le feu vert du patron – 4. du raisin
noir, du pain blanc – 5. tout en noir, la vie en rose – 6. le feu vert, carte
blanche.

2 1. Il voit la vie en rose. – 2. Nous avons eu le feu vert. – 3. Il voudrait se
mettre au vert. – 4. Il a la main verte. – 5. Il en a vu de toutes les couleurs.

3 mettre au vert – blanche – d'un œil noir – son feu vert – en noir – dans le
rouge – verte – en rose.

Chapitre 4   Le jardinage et le bricolage

Exercices p. 25

1 une brouette, un tuteur, une bêche, un râteau, un tuyau, un sécateur.

2 1. c – 2. a – 3. e – 4. f – 5. d – 6. b.

3 1. ramasse – 2. sème – 3. enlève – 4. arrache – 5. plante – 6. désherbe.

4 1. V – 2. F – 3. F – 4. F – 5. V – 6. F – 7. V.

Exercices p. 27

1 1. un rouleau, un pinceau, un pot de peinture – 2. une rallonge – 3. un escabeau – 4. un marteau – 5. du papier de verre – 6. une scie, une hache – 7. une perceuse.

2 1. tournevis – 2. pinceau – 3. lime – 4. marteau – 5. bricole – 6. tuteur.

3 • *Jardinage :* 1, 3 , 5, 7, 9.
• *Bricolage :* 2, 4, 6, 8, 10.

4 1. des pinceaux, des rouleaux – 2. une scie – 3. un marteau, des clous – 4. un escabeau – 5. une pince – 6. du fil de fer – 7. un arrosoir, un tuyau d'arrosage – 8. une brouette.

Exercices p. 29

1 1. une coupure – 2. déborde – 3. renversé – 4. le courant – 5. déboucher – 6. électrique – 7. détachant.

2 1. la lampe est grillée – 2. elle a fait une tache – 3. il va recoller un objet cassé – 4. le joint est usé / le robinet fuit – 5. il y a une coupure de courant / une panne d'électricité – 6. Nadège s'est enfermée dehors / la clé est coincée dans la serrure.

3 marchent – une fuite – joint – coincée – colle – cassées – recoller – arroser – l'arrosoir.

4 1. Il a coupé des fleurs avec un sécateur. – 2. Elle a ouvert la porte avec une clé. / Elle a desserré un boulon avec une clé à molette. – 3. Il a fait un trou dans le mur avec une perceuse. / Il a fait un trou dans la terre avec une bêche. – 4. Il a pris une bêche pour planter un arbre. / Il a pris un marteau pour planter un clou. – 5. Elle a fixé l'arbre à son tuteur avec du fil de fer.

Chapitre 5   La cuisine – Les recettes

Exercices p. 31

1   1. V – 2. F – 3. F – 4. F – 5. F – 6. V – 7. F.

2   • *Fromages :* munster, camembert, crottin de Chavignol.
• *Boissons :* calvados, pastis, armagnac, cidre.
• *Plat :* cassoulet, choucroute, bouillabaisse.

3   1. spécialités d'Alsace, choucroute – 2. spécialités du Midi de la France, bouillabaisse – 3. spécialités du Périgord, confit de canard – 4. spécialités de Normandie, galette aux épinards et œufs.

Exercices p. 33

1   1. salade de fruits – 2. fromage fermier – 3. dinde – 4. un petit vin – 5. entrée – 6. pastis.

2   1. a, c, d, e, h – 2. g – 3. a, b, e, f, g, h – 4. a, c, d, h – 5. g, h – 6. a, b, d, e, f, g, h – 7. e.

3   1. un plat de Noël – 2. la charcuterie – 3. surgelé – 4. un vin – 5. la bouteille de bon vin – 6. c'est-à-dire au four – 7. à feu doux.

4   1. cidre – 2. beurre – 3. chou-fleur – 4. bouteille – 5. copieux – 6. condiment.

Exercices p. 35

1   a. épluchez, coupez – c. bouillir – d. battez, remuez – e. versez, assaisonnez – f. râpez – g. cuire – h. fondre – i. ajoutez – j. battez, neige – k. versez, fondu.

2   1. fait cuire, coupe en rondelles, épluche – 2. un plat, un poisson, une spécialité – 3. salée, trop cuite, onctueuse – 4. les arêtes, la peau, la tête – 5. dure, trop sucrée.

3   1. aux abricots – 2. cuites au four – 3. à la provençale – 4. d'aubergines – 5. aux amandes – 6. à la fraise.

Chapitre 6   Les mouvements, les gestes et les postures

Exercices p. 37

1   **1.** marche – **2.** me précipite – **3.** tremble – **4.** déplacements – **5.** faisons –
6. soulever – **7.** retenir.

2   **1.** glissé, faire renverser, marché, retourné – **2.** un coup de pied –
3. ramasser – **4.** précipité, sauté, traversé – **5.** rattraper – **6.** s'est enfui –
7. grimpé, attraper.

3   **1.** e – **2.** h – **3.** g – **4.** c – **5.** b – **6.** f – **7.** d – **8.** a.

Exercices p. 39

1   **1.** Elle a les jambes pliées. – **2.** Il est assis. – **3.** Elle a les bras tendus. –
4. Je suis debout. – **5.** Tu as la tête penchée. – **6.** Il a les bras écartés.

2   **1.** allongé, assis – **2.** écartés, croisés, tendus, baissés – **3.** à plat ventre,
par terre, sur le dos – **4.** plie, lève, baisse – **5.** debout, couchés, en équilibre,
sur la pointe des pieds – **6.** tourne, lève, baisse.

3   **1.** d – **2.** f – **3.** a – **4.** e – **5.** g – **6.** c – **7.** b.

4   **1.** V – **2.** F – **3.** F – **4.** V – **5.** V – **6.** F – **7.** F.

Exercices p. 41

1   **1.** frappe – **2.** déchiré – **3.** bat – **4.** percuté – **5.** jeté – **6.** attraper.

2   **1.** percuté – **2.** tapes – **3.** déchiré – **4.** s'arracher – **5.** jeté – **6.** tâte – **7.** bat.

3   **1.** c – **2.** e – **3.** f – **4.** a – **5.** d – **6.** b.

4   **1.** déchiré, jeté, ramassé – **2.** tenez, secouez, posez – **3.** soulève, tient,
fait tomber – **4.** baisses, tournes, lèves – **5.** retiens, rattrape, frappe –
6. s'appuie, pose les mains – **7.** lève, tend, remue.

Exercices p. 43

1   **1.** emporter – **2.** amener – **3.** porter – **4.** emmener – **5.** ramené(e) –
6. emporte.

2   **1.** fait – **2.** bras – **3.** serre – **4.** tiennent – **5.** emmené – **6.** rapporter –
7. soulever.

3   **1.** Elle saute de joie. – **2.** Il n'arrive pas à mettre la main sur son passeport. –
3. La radio de la voisine me tape sur les nerfs. – **4.** Je ne tiens pas debout. –
5. Est-ce que vous pouvez me donner un coup de main ? – **6.** Ça saute
aux yeux !

4 • *Expressions concrètes :* Ils se serrent la main – Il saute dans l'eau –
J'ai les bras croisés – Elle n'arrive pas à remuer les doigts – Il donne la main
à sa mère.

• *Expressions imagées :* Il saute de joie – Elle lui tape sur les nerfs – Tu te
jettes à l'eau – Elle reste les bras croisés – Tu ne remues pas le petit doigt –
Il n'arrive pas à mettre la main sur cette clé – Il saute sur l'occasion –
Elle lui donne un coup de main.

Chapitre 7   L'apparence physique

Exercices p. 45

1 1. Elle est gauche, empotée. – 2. Il a perdu sa ligne. – 3. Elle ne passe pas
inaperçue. – 4. Il est frêle, fluet. – 5. Il est ordinaire, quelconque.

2 1. de l'allure – 2. en valeur – 3. inaperçu – 4. gauche – 5. élancé – 6. garde –
7. fine – 8. retrouvé.

3 Elle est maigre comme un clou, elle n'a que la peau et les os, elle est
ridicule.
Il est costaud, musclé, baraqué, il ne passe pas inaperçu !

Exercices p. 47

1 1. les pattes d'oie – 2. un tic – 3. les cernes – 4. la figure – 5. un sosie.

2 1. le visage marqué / les traits accusés. – 2. je n'ai plus 20 ans. – 3. le visage
couvert de rides. – 4. à sa démarche. – 5. comme deux gouttes d'eau. –
6. il a les traits accusés / le visage ridé. – 7. bien conservée.

3 comme un clou – la ligne – rides – fais – peau – ressemble – en valeur –
ridicule.

4 1. Elle n'a plus vingt ans. – 2. Il a enfin maigri. – 3. Ils ne passent pas
inaperçus. – 4. Elle sait se mettre en valeur. – 5. Il boite. – 6. Elle a retrouvé
sa ligne.

Exercices p. 49

1 1. décoiffée – 2. laisse – 3. au carré – 4. la raie – 5. les pointes – 6. se fait.

2 1. Elle doit se recoiffer. – 2. Elle peut se faire faire une coloration. –
3. Elle doit se faire faire une permanente. – 4. Je dois me faire refaire
une couleur. – 5. Elle doit mettre de la laque.

3 1. F – **2.** V – **3.** V – **4.** F – **5.** F.

4 1. b – **2.** b – **3.** a – **4.** b – **5.** b – **6.** a.

Chapitre 8   Le sport

Exercices p. 51

1

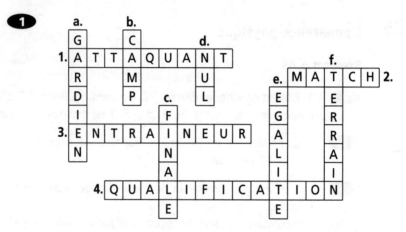

2 1. V – **2.** F – **3.** F – **4.** F – **5.** F – **6.** V.

3 1. a, e, f, h – **2.** a, c, d, e, h – **3.** a, b, g.

Exercices p. 53

1 1. devant – **2.** franc – **3.** un carton – **4.** mène – **5.** jeu – **6.** inscrit –
7. remporté.

2 1. arbitre – **2.** penalty – **3.** tirer – **4.** entraînement – **5.** siffler – **6.** coéquipier.

3 1. un carton rouge – **2.** ils jouent la touche – **3.** le résultat du match –
4. un corner – **5.** un coéquipier – **6.** un but – **7.** une passe.

4 1. dégage, envoie – **2.** la touche, une faute, la remise en jeu, une tête,
une passe, un centre – **3.** siffle, tire – **4.** un penalty, un corner, un coup
franc, le coup d'envoi – **5.** le joueur, la touche – **6.** inscrit, marque, prend,
encaisse.

1 1. V – 2. F – 3. V – 4. F – 5. F – 6. V – 7. V.

2 1. tournoi – 2. classement général, remporté, sets – 3. service, en jeu – 4. battue – 5. battu – 6. revers.

3 • *Football :* inscrire un but, cage, coup franc, surface de réparation.
• *Rugby :* poteaux, mêlée, essai, ballon ovale.
• *Tennis :* servir, coup droit, classement général, terre battue, ramasseur de balles, revers.
• *Les trois sports :* finale, match, joueur, arbitre.

Exercices p. 57

1 1. Il a le goût de l'effort. – 2. Elle a de l'ambition, elle a l'esprit de compétition. – 3. Il sait se concentrer, il fait preuve de concentration. – 4. Il a beaucoup d'endurance. – 5. Il a de bons réflexes. – 6. Elle a de la discipline.

2 1. c – 2. e – 3. d – 4. a – 5. b.

Chapitre 9   La santé – La consultation médicale

Exercices p. 59

1 1. Qu' – 2. Où – 3. Comment.

2 1. c'est une douleur diffuse – 2. mais c'est sensible – 3. ça ne fait pas mal, c'est indolore – 4. ça me fait mal.

3 1. c – 2. d – 3. f – 4. b – 5. a – 6. e.

4 1. V – 2. F – 3. F – 4. F – 5. F – 6. V – 7. F.

Exercices p. 61

1 1. c – 2. e – 3. g – 4. f – 5. d – 6. a – 7. b.

2 1. a enflé – 2. s'est fait piquer – 3. me suis cogné – 4. un bleu, une bosse – 5. s'est cassé – 6. s'est tordu, s'est cassé.

3 1. parce qu'il s'est cassé la jambe – 2. parce qu'il a une entorse – 3. parce qu'il s'est coupé – 4. parce qu'il s'est fait piquer — 5. parce qu'il a été blessé dans l'accident – 6. parce qu'il s'est cogné.

4 a. n° 2 – b. n° 3 – c. n° 6.

Exercices p. 63

1 1. cauchemar – **2.** fièvre – **3.** se casser – **4.** se moucher – **5.** enceinte –
6. se tordre.

2 1. a – **2.** b – **3.** a – **4.** a – **5.** b – **6.** a.

3 1. est tombée – **2.** a attrapé – **3.** ai été mordu(e) – **4.** a – **5.** suis tombé(e) –
6. passe – **7.** fait.

4 je suis tombée – je me suis tordu – un rhume – j'avais – je me mouchais –
j'éternuais – une nuit blanche.

Exercices p. 65

1 1. une pommade, une crème – **2.** un sirop, des pastilles – **3.** un comprimé
d'aspirine – **4.** un collyre – **5.** un pansement – **6.** un antibiotique –
7. de l'alcool à 90° – **8.** une seringue, de l'alcool à 90° –
9. un anti-inflammatoire.

2 1. f – **2.** d – **3.** h – **4.** e – **5.** j – **6.** i – **7.** a – **8.** g – **9.** b – **10.** c.

3 1. va chez, appelle – **2.** ausculte, soigne, guérit – **3.** des médicaments,
du matériel médical – **4.** généraliste, spécialiste – **5.** une prise de sang,
une radio – **6.** souffre, a mal, s'est fait mal – **7.** un pansement –
8. le généraliste, le médecin.

Chapitre 10 Le caractère et la personnalité

Exercices p. 67

1 1. est – **2.** difficile – **3.** une forte – **4.** grandes – **5.** apparences – **6.** traits –
7. de cochon – **8.** bien.

2 1. F – **2.** V – **3.** V – **4.** V – **5.** F – **6.** F – **7.** F – **8.** V.

3 original, qualités, bien, dehors, foncièrement, bavard, intégrité, tendance.

Exercices p. 69

1 influençable, indifférent, inconstant, indolent, indécis.

2 1. elle est impulsive – **2.** il est mou, passif – **3.** elle a du cran – **4.** elle est très
influençable – **5.** il est têtu et même buté – **6.** il est persévérant, tenace.

3 a. qualités – b. défauts – c. original – d. farfelus – e. fonceur – f. hardiment –
g. courageux – h. cran – i. trouillarde.

1   1. prend – **2.** nervosité – **3.** modestie – **4.** cassant – **5.** pondérée.

2   1. nerveux – **2.** modeste – **3.** méprisant – **4.** pondéré – **5.** orgueilleux.

3   1. c – **2.** a – **3.** e – **4.** g – **5.** b – **6.** d – **7.** f.

4   • *-if :* communicatif, passif, actif, émotif, impulsif, excessif.
• *-eux :* généreux, audacieux, peureux, courageux, nerveux, orgueilleux, prétentieux.
• *-é :* mesuré, spontané, réservé, renfermé, déterminé, passionné, buté, pondéré, équilibré, agité, cultivé.
• *-ant :* hésitant, nonchalant, persévérant, inconstant, changeant, cassant, arrogant, méprisant.

Exercices p. 73

1   1. serviable – **2.** soigneux – **3.** le cœur sur la main – **4.** attentionnée – **5.** tatillon – **6.** ordonné.

2   a. adorable – **b.** étourdi – **c.** odieux – **d.** gentille – **e.** agressif – **f.** attentionnée – **g.** charmant.

3   *(Selon l'auteur de ce livre...)*
• *Qualités :* serviable, tenace, audacieux, modeste, consciencieux, résolu, soigneux.
• *Défauts :* tatillon, froid, mou, autoritaire, orgueilleux, étourdi, maniaque, têtu, lâche, influençable, bavard, désordonné, frimeur.

4   1. chameau – **2.** fonceur – **3.** tatillon – **4.** tenace – **5.** mou.

Chapitre 11   La vie affective

Exercices p. 75

1   1. e – **2.** c – **3.** a – **4.** b – **5.** d.

2   1. elle déborde de bonheur – **2.** elle est triste à mourir – **3.** il a le moral à zéro – **4.** il est gai comme un pinson – **5.** elle a le cafard – **6.** il a des idées noires.

3   1. Il est découragé. – **2.** Elle est désespérée. – **3.** Ils ont le mal du pays. – **4.** Elle garde espoir, elle a bon moral. – **5.** Ils ont perdu espoir. – **6.** La grand-mère est aux anges. – **7.** Le petit garçon saute de joie. – **8.** Christian essaie de changer les idées à Viviane.

1 1. mauvaise – **2.** souci – **3.** tracasse – **4.** a – **5.** à – **6.** brouillé – **7.** sympathisé.

2 1. e – **2.** f – **3.** b – **4.** g – **5.** a – **6.** d – **7.** c.

3 attachée – tiens – m'entends – brouillée – réconciliées – compter – confiance – grande.

4 • *Plutôt agréables*: confiance – plaisir – sympathie – espoir – euphorie – affection – bonheur.
• *Plutôt désagréables*: souci – chagrin – inquiétude – brouille – mélancolie – cafard.

Exercices p. 79

1 1. b – **2.** a – **3.** c – **4.** b – **5.** c – **6.** a – **7.** c.

2 1. confiance – **2.** humeur – **3.** amour – **4.** fierté – **5.** espoir – **6.** adoration.

3 1. V – **2.** F – **3.** F – **4.** V – **5.** V – **6.** F – **7.** V.

Chapitre 12   Les réactions émotionnelles

Exercices p. 81

1 1. rend – **2.** à bout – **3.** déçue – **4.** marre – **5.** énervée.

2 1. Je n'en peux plus. – **2.** C'est scandaleux. – **3.** Elle en a par-dessus la tête. – **4.** Nous sommes déçus de ne pas vous voir. – **5.** Elle est indignée. – **6.** Yves est vraiment en colère.

3 1. F – **2.** V – **3.** F – **4.** F – **5.** V – **6.** F.

4 1. c – **2.** e – **3.** d – **4.** a – **5.** b.

Exercices p. 83

1 1. gênée – **2.** sidéré – **3.** bouleversés – **4.** éblouie.

2 1. e – **2.** d – **3.** g – **4.** a – **5.** b – **6.** c – **7.** f.

Exercices p. 85

1 1. une peur – **2.** d'ennui – **3.** terrorisée – **4.** passionnante – **5.** il est barbant – **6.** effroyable.

2 1. horrible, horriblement, horrifié – **2.** terrible, terriblement, terrifié, terrifiant, terrorisé – **3.** scandaleux, scandalisé – **4.** énervé, nerveux, nervosité – **5.** gêné, gênant – **6.** ému, émouvant, émotionnel.

3 1. Ça l'embête. – **2.** Il a eu une peur bleue. – **3.** Ils se sont affolés. – **4.** Elle est éberluée, sidérée, soufflée. – **5.** Ils sont emballés. – **6.** C'est passionnant.

4 1. Daniel est bouleversé, atterré – **2.** Jérôme est assommant – **3.** Valérie est très déçue – **4.** Thierry est très gêné.

Chapitre 13   La vie intellectuelle

Exercices p. 87

1 1. en tête – **2.** une idée – **3.** je trouve – **4.** clarté – **5.** suis – **6.** traversé – **7.** pensif.

2 1. a, c – **2.** b, c – **3.** a, b – **4.** b, c – **5.** a, c.

3 1. c – **2.** f – **3.** d – **4.** a – **5.** e – **6.** b.

Exercices p. 89

1 1. V – **2.** V – **3.** F – **4.** V – **5.** V – **6.** V – **7.** F – **8.** F.

2 1. a – **2.** b – **3.** a – **4.** a – **5.** a – **6.** b – **7.** a – **8.** b.

3 1. supposer – **2.** remarquer – **3.** promettre – **4.** sceptique – **5.** confondre – **6.** s'en douter – **7.** croire.

Exercices p. 91

1 1. une tête – **2.** l'esprit – **3.** d'esprit – **4.** cloche – **5.** perdu – **6.** malin.

2 1. il est dégourdi – **2.** il est espiègle – **3.** il débloque – **4.** elle s'intéresse à tout – **5.** il a l'esprit lent – **6.** c'est une tête.

3 reconnaître – gourde – suivi le raisonnement – rendu – brillant – à lier – promis – tenu – promesse – figure – sa faute – dégourdie – doutes.

Exercices p. 93

1   **1.** c – **2.** b – **3.** e – **4.** f – **5.** a – **6.** d.

2   **1.** F – **2.** F – **3.** V – **4.** V – **5.** F – **6.** F – **7.** V.

3   **1.** g – **2.** c – **3.** b – **4.** a – **5.** a – **6.** f – **7.** d – **8.** e – **9.** f.

Chapitre 14   La volonté et l'action

Exercices p. 95

1   **1.** résolutions – **2.** fait – **3.** n'ose – **4.** l'intention – **5.** objectifs – **6.** tranchera.

2   **1.** c – **2.** e – **3.** a – **4.** f – **5.** g – **6.** b – **7.** d.

3   pris – jette à l'eau – résolutions – ose – hésite – tente – risque.

Exercices p. 97

1   **1.** il a réussi – **2.** elle le fait à contrecœur – **3.** je suis resté sans rien faire – **4.** elle ira jusqu'au bout – **5.** il l'a dit exprès – **6.** il est au pied du mur – **7.** je l'ai fait machinalement.

2   **1.** f – **2.** e – **3.** a – **4.** c – **5.** d – **6.** b.

3   **1.** Elle envisage. – **2.** Je tranche. – **3.** On est au pied du mur. – **4.** Il l'a effectué. – **5.** Elle remue ciel et terre. – **6.** Il veut le beurre et l'argent du beurre. – **7.** Elle l'a fait à contrecœur. – **8.** Je fais des efforts.

Chapitre 15   La communication

Exercices p. 99

1   **1.** il chuchote – **2.** je lui ai fait des compliments – **3.** nous y avons fait allusion – **4.** je le baragouine seulement – **5.** elle parle à voix haute – **6.** il bafouille – **7.** elle en a parlé à demi-mot – **8.** il l'a expliquée en long et en large.

2   **1.** il fait un compliment – **2.** elle bafouille – **3.** je dis du bien de Michel – **4.** il aborde le sujet – **5.** elle fait un reproche – **6.** il parle sur un ton catégorique – **7.** il parle par sous-entendus – **8.** il questionne.

Exercices p. 101

1   1. d – 2. c – 3. a – 4. e – 5. b.

2   1. demandé, eu – 2. du mal, du bien, une bêtise, la vérité –
3. de la repartie, un entretien – 4. de tout et de rien, à demi-mot,
à voix basse – 5. un compliment, une gaffe, un lapsus, un jeu de mots –
6. traitons, abordons.

3   1. b – 2. c – 3. c – 4. b – 5. a – 6. c.

Exercices p. 103

1   1. V – 2. F – 3. F – 4. V – 5. V – 6. F – 7. V.

2   1. réclamé – 2. se plaint – 3. sommes – 4. prévenu – 5. engagé –
6. renseigner – 7. échangé.

3   raconte – bavarder – de tout et de rien – au courant – engueulés – traités –
à l'improviste – pour un oui, pour un non – gaffes – reconnais.

Exercices p. 105

1   1. a, c – 2. b – 3. a – 4. b, c – 5. a.

2   *(Selon l'auteur...)*
• *Plutôt positives* : plaisanter, passer du coq à l'âne, parler de tout et
de rien, faire des compliments, bavarder.
• *Plutôt négatives* : hurler, s'engueuler, râler, radoter, bafouiller,
reprocher, se plaindre.
• *Ça dépend des cas* : se taire, demander conseil, tenir parole, exagérer,
réclamer, engager un débat, faire des jeux de mots.

Chapitre 16   La poste – Les services – L'administration

Exercices p. 107

1   1. timbres – 2. envoyer – 3. colis – 4. coller – 5. recommandée.

2   1. lettres – 2. le facteur – 3. l'adresse – 4. recommandé – 5. timbre.

3   a. Ils s'occupent des jardins. – b. Elle entre à la mairie. – c. Le facteur
distribue le courrier à domicile. – d. Les pompiers sont au travail.

1 1. à la mairie – **2.** à la poste – **3.** au commissariat – **4.** les deux –
5. à la poste.

2 1. un renseignement, une attestation, un formulaire – **2.** un imprimé,
un formulaire – **3.** la queue, des démarches – **4.** des renseignements,
des documents – **5.** la lenteur, l'administration – **6.** l'entretien des rues,
la distribution du courrier – **7.** une attestation, un document.

3 1. c – **2.** b – **3.** f – **4.** e – **5.** a – **6.** d.

4 1. c – **2.** e, g – **3.** g – **4.** j – **5.** d, h – **6.** d, h – **7.** b, f – **8.** i – **9.** a, c, f – **10.** b, f.

Chapitre 17   L'enseignement supérieur et la recherche

Exercices p. 111

1 1. la bibliothèque, la B-U – **2.** la carte d'étudiant – **3.** une bourse –
4. un partiel – **5.** les frais / droits d'inscription – **6.** le CAPES – **7.** la faculté –
8. le restau-U.

2 1. remettent – **2.** son mémoire – **3.** va – **4.** agrégé – **5.** convoqué –
6. un amphithéâtre – **7.** fait – **8.** partiels.

3 inscrite – fac – carte – salles – amphis – cité-U – restau-U – B-U – examens –
sujets – agrégée – année.

Exercices p. 113

1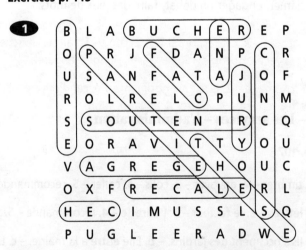

2 1. V – **2.** F – **3.** F – **4.** F – **5.** V – **6.** F – **7.** F – **8.** V.

3 a. des études – **b.** inscrit – **c.** son mémoire – **d.** universitaire – **e.** de doctorat –
f. un sujet – **g.** de thèse – **h.** chercheur – **i.** l'agrégation.

Chapitre 18   Le monde de l'entreprise

Exercices p. 115

1 1. ciseaux – **2.** casier – **3.** joindre – **4.** bloc-notes – **5.** photocopieuse –
6. agenda – **7.** agrafeuse.

2 1. rangé, dans – **2.** courrier électronique – **3.** l'agenda – **4.** sur – **5.** trier –
6. joindre – **7.** laisser.

3 classeur – trier – rédiger – une agrafeuse – ranger – une note – envoyer –
une affiche, un affichage – une photocopie, une photocopieuse.

Exercices p. 117

1 1. l'intérim – **2.** occupe – **3.** congé – **4.** a fait – **5.** candidatures – **6.** en –
7. le DRH.

2 1. c – **2.** e – **3.** a – **4.** b – **5.** f – **6.** d.
Termes familiers : couler, virer, un boulot, une boîte, bosser.

3 1. Elle a obtenu une promotion. – **2.** Il / Elle est intérimaire, il / elle fait de
l'intérim. – **3.** Il / Elle est au chômage. – **4.** Il / Elle est stressé(e). –
5. Il / Elle gère une équipe de six personnes. – **6.** Il / Elle a eu un entretien
d'embauche.

Exercices p. 119

1 • *Premier poste :* b, d, e, h.
• *Second poste :* c, f, g, j.
• *Les deux postes :* a, i.

2 1. recherchons, embauchons, licencions – **2.** recherche, ai trouvé –
3. est en – **4.** est responsable, s'occupe – **5.** range, cherche – **6.** a obtenu –
7. tape, photocopie, range, classe, rédige – **8.** gérez.

3 1. chômage – **2.** CDI – **3.** imprimante – **4.** candidature – **5.** intérim –
6. entreprise – **7.** vente – **8.** collaboration.

4 1. b – **2.** c – **3.** a – **4.** a.

Chapitre 19 L'économie et le commerce

Exercices p. 121

1 1. déficitaire – **2.** prend – **3.** s'échange – **4.** pouvoir – **5.** conjoncture – **6.** cours – **7.** subventions.

2 1. naturalisée → nationalisée – **2.** privées → privatisées – **3.** niveau → pouvoir – **4.** Le déficit commercial → la balance commerciale – **5.** RIB → PIB – **6.** supporte → subventionne – **7.** échanges → changes.

3 1. la balance commerciale – **2.** le marché – **3.** une entreprise publique – **4.** le niveau de vie – **5.** l'action d'une entreprise cotée en Bourse – **6.** la loi de l'offre et de la demande.

4 1. d – **2.** c – **3.** e – **4.** f – **5.** a – **6.** b.

Exercices p. 123

1 1. chuter – **2.** croître – **3.** marasme – **4.** recul – **5.** reprise – **6.** prix – **7.** ralentir.

2 1. ont baissé – **2.** ont chuté – **3.** en baisse – **4.** intéressant – **5.** une réduction – **6.** nettement régressé – **7.** c'est donné.

3 1. V – **2.** F – **3.** F – **4.** V – **5.** F – **6.** V – **7.** F – **8.** V.

Exercices p. 125

1 1. entreprise, réalisé, chiffre d'affaires – **2.** concurrents, implanté – **3.** multinationale, succursales – **4.** fusion – **5.** bilan, déficitaire, faillite.

2 1. Elle a le sens des affaires. – **2.** Tout le monde regrette la faillite de ce projet. – **3.** Il n'acceptera ce travail à aucun prix. – **4.** Elle a l'esprit d'entreprise. – **5.** Ça n'a pas de prix. – **6.** Nous devons partir à tout prix.

3 1. actionnaire – **2.** créneau – **3.** accélération – **4.** bourse – **5.** bénéfice – **6.** grimper – **7.** action.

Chapitre 20   Les sciences et les technologies

Exercices p. 127

1 1. accès – 2. prouesse – 3. pointe – 4. recherche – 5. en panne – 6. révolution.

2 1. d – 2. f – 3. a – 4. e – 5. c – 6. g – 7. b.

3 1. capitale – 2. on régresse – 3. est fiable – 4. combler – 5. à la portée des enfants – 6. le réglage – 7. une innovation.

4 1. expérimentation – 2. utiliser – 3. essor – 4. expérimental – 5. accéder – 6. utilisateur.

Exercices p. 129

1 1. F – 2. V – 3. F – 4. F – 5. V – 6. F – 7. F.

2 1. périphériques – 2. code d'accès – 3. compatibles – 4. brancher – 5. site Internet – 6. piraté – 7. le grand public – 8. transmettre.

3 1. un informaticien – 2. un chercheur – 3. un programmeur – 4. un utilisateur – 5. un scientifique – 6. un inventeur – 7. un pirate (informatique).

4 1. fiable, compatible, opérationnel – 2. saisir, transmettre, introduire – 3. une révolution, en état de marche – 4. informatisé, modernisé, robotisé.

Chapitre 21   Les médias – La presse

Exercices p. 131

1 • *Radio :* auditeur, station, FM.
• *Télévision :* réseau câblé, chaîne, zapper, téléfilm, téléspectateur, antenne parabolique.
• *Les deux :* publicité, présentateur, interview, émission, informations, différé.

2 1. chaînes – 2. médias – 3. présentateurs – 4. feuilletons – 5. stations – 6. téléspectateurs.

3 1. F – 2. V – 3. F – 4. V – 5. V – 6. F – 7. F.

4 1. l'opinion publique – 2. la chaîne de télévision – 3. l'antenne – 4. l'émission – 5. la station de radio – 6. la météo.

1 1. un hebdo, un journal, une revue – **2.** dans la presse, à la une, dans les journaux – **3.** rubriques, dessins, petites annonces – **4.** un journaliste, un envoyé spécial, un photographe.

2 1. un hebdomadaire – **2.** un dessin – **3.** le rédacteur en chef – **4.** la une – **5.** les lecteurs – **6.** le kiosque à journaux / le marchand de journaux – **7.** la conférence de presse.

3 1. magasin – **2.** lecteur – **3.** actualité – **4.** abonné – **5.** zapper – **6.** article – **7.** quotidien.

4 1. c – **2.** f – **3.** d – **4.** h – **5.** g – **6.** e – **7.** b – **8.** a.

Chapitre 22   Les crimes et les faits divers

Exercices p. 135

1 1. d, e, h – **2.** b, f, j – **3.** a, c, g – **4.** c, i, k.

2 1. mobilier – **2.** témoin – **3.** voler – **4.** lieu – **5.** voleur – **6.** bagarre – **7.** frapper.

3 • *Personnes :* voleur, enquêteur, criminel, meurtrier, agresseur.
• *Actions :* crime, agression, enquête, vol, meurtre.

4 a. meurtrier – **b.** corps – **c.** témoin – **d.** victimes – **e.** identifiées – **f.** policiers – **g.** indices – **h.** crime.

Exercices p. 137

1 avocat – meurtrier – arrêté – enquête – innocent – enquêteurs – preuves – coupable – procès – prison.

2 1. le suspect – **2.** un voleur – **3.** une complice – **4.** l'avocat – **5.** le témoin – **6.** la victime – **7.** l'escroc.

3 1. c – **2.** i – **3.** h – **4.** g – **5.** a.

Chapitre 23   L'environnement

Exercices p. 139

1 1. cyclables – **2.** polluante – **3.** serre – **4.** naturels – **5.** émet – **6.** trie – **7.** radioactifs.

2 1. F – **2.** V – **3.** F – **4.** F – **5.** F – **6.** F – **7.** V.

3 1. c – **2.** d – **3.** a – **4.** e – **5.** b.

4 1. le conteneur – **2.** la pollution – **3.** les déchets – **4.** le carburant propre – **5.** le verre – **6.** les pistes cyclables – **7.** les produits toxiques.

Exercices p. 141

1 1. b – **2.** a – **3.** c – **4.** a – **5.** b – **6.** b.

2

```
                              b.          c.
                    a.        D           I
              1. A V A L A N C H E         N
                    O         S            O
                    L    2. O U R A G A N   N
              3. C R U E     S            D
                    A         T            A
                    N         R            T
              4. S E I S M E               I
                                          O
                                          N
```

3 1. inondé – **2.** déborde – **3.** une avalanche – **4.** volcanique.

4 1. décombres – **2.** désastre – **3.** incendie – **4.** séisme – **5.** avalanche – **6.** crue.

Chapitre 24   La politique et la société

Exercices p. 143

1 1. F – **2.** F – **3.** V – **4.** F – **5.** F – **6.** V – **7.** V – **8.** F.

2 1. a, c, e, g, i – **2.** f, h, j – **3.** a, b, c, d, e, g, i.

3 1. voix – **2.** électoral – **3.** une taxe – **4.** municipales – **5.** remporté – **6.** nomme – **7.** donné.

4 1. d – **2.** a – **3.** e – **4.** f – **5.** c – **6.** b.

1   **1.** grève – **2.** syndiqués – **3.** manifestation – **4.** un syndicat – **5.** défilent – **6.** mouvements.

2   **1.** l'ambassadeur – **2.** un traité de paix – **3.** les victimes – **4.** une alliance – **5.** des associations humanitaires – **6.** la guerre – **7.** les relations diplomatiques.

3   **1.** en guerre – **2.** lutte contre – **3.** dans un pays étranger – **4.** les ennemis – **5.** votent pour – **6.** a nommé – **7.** un traité de paix.

4   **1.** a repris – **2.** ont été massacrées – **3.** signe – **4.** votent – **5.** forme – **6.** engage.

Chapitre 25   L'art – Les arts plastiques

Exercices p. 147

1   **1.** aimez, passionné(e), faites, dessine, doué(e) – **2.** amateur, danser, dansez, talent.

2   **1.** b – **2.** a – **3.** a – **4.** a – **5.** b – **6.** a.

Exercices p. 149

1   **1.** V – **2.** F – **3.** F – **4.** F – **5.** F – **6.** V – **7.** F – **8.** V.

2

Grille de mots croisés :
- 1. (horizontal) ATELIER
- 2. (horizontal) TUBE
- 3. (horizontal) CHEVALET
- 4. (horizontal) MODELE
- 5. (horizontal) GOUACHE
- 6. (horizontal) AQUARELLE
- a. (vertical) CADRE
- b. (vertical) TABLEAU
- c. (vertical) ÉTI
- d. (vertical) TOILE

3   **1.** un chef-d'œuvre – **2.** le vernissage – **3.** des affiches, des cartes postales, des reproductions de tableau – **4.** l'historienne d'art – **5.** un croquis – **6.** le critique – **7.** le modèle – **8.** la peinture.

Exercices p. 151

1   **1.** ce paysage – **2.** peint – **3.** l'original – **4.** restauré – **5.** mortes – **6.** abstrait – **7.** classé.

2   **1.** table – **2.** modèle – **3.** papier – **4.** vernis – **5.** collectionneur – **6.** original – **7.** architecte.

3   **1.** un artiste, un peintre – **2.** un tableau – **3.** un dessinateur – **4.** un monument, un château – **5.** un vernissage – **6.** un collectionneur – **7.** un paysage.

4   **1.** le peintre peint avec un pinceau – **2.** est classé – **3.** en peinture – **4.** l'original de *La Joconde* – **5.** l'historien d'art – **6.** l'entrée est gratuite – **7.** c'est le portrait de sa mère.

Chapitre 26   Les arts du spectacle

Exercices p. 153

1   **1.** un fauteuil – **2.** les éclairages – **3.** un décor – **4.** salle – **5.** les coulisses – **6.** au vestiaire – **7.** au balcon – **8.** fais.

2   **1.** joue – **2.** places – **3.** assisté – **4.** complet – **5.** location – **6.** l'orchestre – **7.** strapontins – **8.** relâche.

3
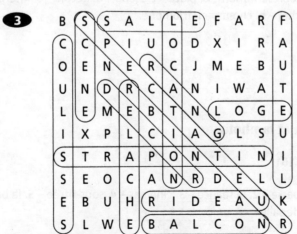

Exercices p. 155

1 1. spectateur – **2.** jouer – **3.** réserver – **4.** public – **5.** loge – **6.** répétition.

2 1. saluent – **2.** l'acteur – **3.** vont au – **4.** coup de théâtre – **5.** se joue – **6.** au balcon – **7.** tournée – **8.** l'ouvreuse.

3 1. V – **2.** F – **3.** F – **4.** F – **5.** V – **6.** F – **7.** F.

4 1. coup de théâtre – **2.** fais des scènes – **3.** un rôle de premier plan – **4.** four – **5.** elle joue la comédie.

Exercices p. 157

1 1. la guitare – **2.** l'accordéon – **3.** le violon – **4.** les percussions – **5.** la trompette – **6.** le piano.

2 1. piano, clavier, touches, touches – **2.** partition, pupitre – **3.** notes, portée – **4.** violon, archet – **5.** oreille – **6.** chanson, paroles.

3 1. rouge – **2.** percussions – **3.** oreille – **4.** chanteur – **5.** clé – **6.** pupitre – **7.** baguettes.

4 1. le clavier, les pédales, les touches – **2.** une chanson, un air – **3.** fait, joue – **4.** un arpège, un accord, une noire – **5.** du théâtre, de la musique, une scène, du chant, la mise en scène.

Exercices p. 159

1 a. faites – **b.** flûte – **c.** apprenez, morceau, cœur – **d.** mémoire – **e.** partition – **f.** pupitre.

2 1. b, g – **2.** h – **3.** f – **4.** c, e – **5.** b, g – **6.** a, c – **7.** d – **8.** b, c, g.

3 a. représentation – **b.** place – **c.** scène – **d.** décors – **e.** interprètes – **f.** tenait – **g.** chef – **h.** chœurs – **i.** triomphe.

Chapitre 27   Le cinéma et la photo

Exercices p. 161

1 1. passe – **2.** la séance – **3.** cinémas – **4.** sous-titrée – **5.** la bande-annonce – **6.** de salles – **7.** un prix.

2 1. d – **2.** a – **3.** e – **4.** b – **5.** f – **6.** c.

3 a. 2 – **b.** 1, 4 – **c.** 7 – **d.** 1, 2 – **e.** 5 – **f.** 3 – **g.** 4, 6.

1 1. d – **2.** b – **3.** e – **4.** g – **5.** f – **6.** h – **7.** a – **8.** c.

2 1. V – **2.** F – **3.** V – **4.** F – **5.** F – **6.** F – **7.** F – **8.** V.

3 1. caméra – **2.** jouer – **3.** album – **4.** adaptation – **5.** doublé – **6.** film en noir et blanc – **7.** échec.

4 1. l'album de photos – **2.** le tirage – **3.** l'appareil photo – **4.** le film – **5.** la photo.

Chapitre 28   Le livre et la littérature

Exercices p. 165

1 le titre – couverture – volumes – table des matières – chapitres – pages – illustrations – critique – exemplaires – feuilleté – librairie.

2 1. livre de poche – **2.** dictionnaire – **3.** livre de cuisine – **4.** guide touristique – **5.** livre d'occasion – **6.** le catalogue.

3 1. sur – **2.** Ø – **3.** d' – **4.** Ø – **5.** de – **6.** Ø.

4 1. bibliothèque – **2.** lectrices – **3.** tiré – **4.** bouquiner – **5.** exemplaire.

5 1. V – 2. V - **3.** F – **4.** F – **5.** V – **6.** F.

Exercices p. 167

1 1. d – **2.** e – **3.** a – **4.** c, f, g – **5.** f – **6.** c – **7.** b, c.

2 1. romancier – **2.** préface – **3.** bouquiniste – **4.** littéraire – **5.** biographie – **6.** brouillon – **7.** feuilleter.

3 • *Personne :* l'auteur, le romancier, l'écrivain, le poète, le lecteur, le critique, le bouquiniste.
• *Écrit :* la critique, le brouillon, la préface, l'ouvrage, l'écriture, la pièce, la poésie, le roman, la citation.

4 1. citation – **2.** autobiographie – **3.** style – **4.** classique – **5.** préfacé.

1 1. romancier – 2. romancée – 3. se passe – 4. raconte – 5. influencé –
6. un roman.

2 1. Il faut tourner la page ! – 2. Ça se lit comme un roman. – 3. Elle fait
toujours des histoires. – 4. Ça ne rime à rien.

3 1. le titre – 2. l'auteur – 3. pièce de théâtre – 4. se passe – 5. publié –
6. héros – 7. classique – 8. imite.

N° d'éditeur : 10170319 - Dépôt légal : juin 2010 - N° d'impression : 114233
Achevé d'imprimer en France par CPI Hérissey à Évreux (Eure)

CPI